HOROSCOPE

DE LA COMÉDIE-FRANÇAISE

ET

DU SECOND THÉATRE-FRANÇAIS;

PRÉCÉDÉ D'UN SOMMAIRE.

Par RICORD AÎNÉ,

Rédacteur des *Archives de Thalie*.

———

A PARIS,

Chez
- Delaunay, Libraire, Palais-Royal, galerie de bois, n°. 243.
- Mongie, Libraire, boulevard Poissonnière, n°. 16.
- Ant. Bailleul, Imprimeur-Libraire du commerce, rue Ste-Anne, n°. 71.
- Au Bureau des *Archives de Thalie*, rue des Prouvaires, n°. 10.

Et chez tous les Marchands de Nouveautés.

1819.

IMPRIMERIE D'ANT. BAILLEUL,
RUE SAINTE-ANNE, N°. 71.

SOMMAIRE.

Motifs de l'institution du second Théâtre-Français; moyen d'exécuter à la lettre l'ordonnance du Roi qui le crée; inconvenance d'y laisser M. Picard pour directeur; raisons qui le font agir en sens contraire des intentions de l'autorité; la comédie de genre corrompt le talent des acteurs; galerie des acteurs qui composent le noyau des sociétaires de la nouvelle troupe; jury théâtral, ses vices, et le moyen d'y remédier; torts du comité du Théâtre-Français envers le public; déplorable situation où ils ont plongé la Comédie-Française; Talma et ses camarades; Mlle. Georges et sa sœur; nécessité de l'oubli du passé entre les acteurs du théâtre de la rue de Richelieu; urgence du rappel de Mlle. Georges au premier théâtre, d'y retenir Talma, et d'y recevoir Victor sociétaire; distribution des emplois tragiques; galerie des prêtresses et des desservans du temple de Thalie; danger de laisser la police de l'intérieur du théâtre et des détails à un comité de comédiens; proposition d'en charger un commissaire du Gouvernement; Talma et Mlle. Georges seraient déplacés à l'Odéon; plan de M. Picard dévoilé par lui-même; réponse piquante qu'on lui a adressée à ce sujet; conclusion.

HOROSCOPE

De la Comédie-Française et du second Théâtre-Français.

J'ai promis dans la 18.me livraison du troisième volume *des Archives de Thalie* (1), qui a paru le 16 de décembre dernier, de démontrer l'inconvenance du procès que la Comédie-Française intente à Talma; les suites funestes qu'il doit avoir pour l'art théâtral, et que les intérêts de Talma et ceux de MM. les

---

(1) *Cet ouvrage, spécialement consacré à* L'ART DRAMATIQUE *et à* L'ART THÉATRAL, *continue de paraître à des époques indéterminées. L'on recevra un Cahier de 8 pages in-8º., caractère petit-romain, par livraison.*

Souscription. — 24 livraisons formant un volume d'environ 200 pages. Prix : 8 fr. L'on peut souscrire pour 96 livraisons.

On souscrit à Paris, rue des Prouvaires, n°. 10, et chez tous les libraires et directeurs des postes des départemens.

Les lettres et paquets, ainsi que le montant des souscriptions, doivent être adressés, franc de port, à M. FEISSAT CADET, Propriétaire de cet Ouvrage.

sociétaires exigent impérieusement que tout se termine à l'amiable. Outre qu'il faudrait remplir plusieurs cahiers *des Archives de Thalie* pour développer les *désastreux résultats* qu'aurait l'éloignement de Talma du Théâtre-Français, résultats qui influeraient bien plus sur les destinées de la Comédie-Française que sur celle du second Théâtre, j'ai cru convenable de présenter le tableau des deux troupes, et les considérations qui doivent décider l'autorité à prendre des moyens pour que le Théâtre de la rue de Richelieu conserve sa suprématie, et recouvre son ancienne splendeur, et extirper les vices dont on a mêlé les racines avec les fondemens sur lesquels des hommes, que je ne cherche point à caractériser, veulent élever l'édifice du second Théâtre-Français, dans l'intention d'en paralyser les effets salutaires qu'on s'en promet, et de perpétuer un genre de comédie destructeur du goût, de l'art dramatique et de l'art théâtral.

Ce n'est pas pour détruire la Comédie-Française que l'on s'est décidé, après tant d'hésitations, à établir un second théâtre; c'est, au contraire, pour réunir à ce théâtre les élèves du Conservatoire qui annoncent du talent, et les comédiens de province auxquels on reconnaîtra un mérite réel, qui donnera l'espérance fondée de les voir un jour en état de figurer sur le premier théâtre de l'Europe. Mais déjà l'on s'écarte du but; déjà la cupidité, ce fléau des arts, exerce ses ravages, et tout est perdu dans l'empire de Thalie et de Melpomène, s'il y a mésintelligence parmi les sociétaires du Théâtre de la rue de Richelieu, que les grands acteurs que l'on y rencontre encore se divisent, et que certains d'entre eux portent ailleurs leur influence et leur talent. Deux ou trois sujets superieurs au Théâtre du faubourg St.-Germain, et autant à celui du Palais-Royal, et il n'y a plus d'ensemble nulle part, ni dans la tragédie, ni dans la comédie : le moment marqué pour l'amélioration de l'art théâtral sera celui de sa ruine totale. Que faut-il faire pour éviter une pareille catastrophe ? Fixer les acteurs d'un talent reconnu au Théâtre-Français, et former, faute de mieux, un ensemble médiocre à l'Odéon, mais lui donner un bon répertoire, et en exclure les pièces et les acteurs de genre.

Peut-on espérer que M. Picard coopère à bannir les pièces de genre d'un théâtre dont on lui confie l'administration, et qu'il en éloigne les acteurs qui les jouent? La chose n'est pas vraisemblable. M. Picard, auteur d'environ soixante comédies de genre, doit autant redouter l'admission des ouvrages de Molière, Regnard, Destouches, Piron, Gresset, et même celle des productions dramatiques de Colin-d'Harleville, de Fabre-d'Eglantine, de Chéron, d'Andrieux, de Duval, d'Etienne, etc., que Damas redouterait le retour de Fleury, s'il le revoyait brillant de jeunesse comme il est brillant de gloire, et Desmousseaux celui de Brizard, si ce tragédien célèbre sortait de son tombeau, armé du sceptre de Melpomène, et éclatant des dons précieux dont la déesse l'avait comblé.

Il est peu d'hommes qui résistent aux deux passions qui dominent notre siècle : l'orgueil et l'intérêt ; et nonobstant sa modestie, M. Picard se trouve dans une situation critique, où il lui est bien difficile de se soustraire à leur influence. Il sera sans doute agréable et doux à M. le directeur, et surtout à M. le poëte comique, de mettre sous une tragédie, ou bien sous une comédie en cinq ou trois actes, pièces qui ne seront plus soumises aux droits d'auteurs, *le Collatéral*, *la Petite* et *la Grande Ville*, *les Oisifs*, *les Marionnettes*, *le Vieux-Comédien*, *les Ricochets*, etc.; et si les ouvrages de M. Picard souffrent de la comparaison qu'en fera le public avec ceux de nos grands poëtes, ils trouveront grâce devant l'amour paternel de M. le directeur, en reconnaissance d'un revenu annuel de 50 à 60 mille francs qu'ils lui procureront.

L'expérience n'a-t-elle pas prouvé combien M. Picard et ses pièces sont peu propres à former des élèves ? Où sont donc les sujets sortis de l'école et des théâtres de M. Picard, depuis plus de vingt-cinq ans qu'il est administrateur et directeur de troupes de comédiens ? N'a-t-on pas vu, au contraire, les acteurs qui sont entrés à l'Odéon avec des heureuses dispositions, ayant un maintien décent et une diction pure, perdre peu à peu leurs bonnes qualités, et le germe de leur talent se dessécher ? Si l'on exigeait un exemple qui confirmât ce que je viens d'avancer, je n'aurais qu'à citer celui de Mlle. Millen. Tel est le sort qui attend les jeunes gens et les acteurs peu exercés qui entreront au second Théâtre-Français, sous la direction de M. Picard, et qui, pour faire leur cour à M. l'administrateur, s'empresseront de se familiariser avec ses pièces, et d'étudier son énorme théâtre.

La conduite de M. Picard n'est-elle pas évidente ? et le but qu'il se propose n'est-il pas clairement aperçu ? Jetons un coup d'œil rapide sur les acteurs qu'il a choisis pour former le noyau du second Théâtre.

Clozel a, sans contredit, de la grâce et de l'intelligence ; mais les rôles de caricatures dont le théâtre de M. Picard fourmille, et que Clozel joue ordinairement, n'ont pu lui donner la diction naturelle et la noble aisance, indispensables pour jouer les personnages de Molière. J'ai vu cet acteur dans le rôle d'Eraste du *Dépit amoureux*, et j'ai observé qu'il tenait gauchement son chapeau, que son épée et son habit étaient mal portés, et que dans la scène de dépit, son jeu de physionomie était outré par un roulement d'yeux plus convenable à M. Beaufils, à M. Papillard et à la Saussaie, qu'à un amoureux de bonne compagnie. Ces défauts peuvent se corriger, et je ne conseille pas à Clozel de renoncer au répertoire du Théâtre-Français : la nature l'a favorisé de tout ce qu'il fut pour le jouer avec avantage; mais il est urgent pour lui de se livrer à l'étude de la vraie comédie, et d'abandonner entièrement les farces de M. Picard, s'il veut figurer dans les rangs des comédiens distingués dont la scène française s'honore.

Clozel peut parvenir, s'il est bien entouré, et qu'il s'adonne au travail; mais on ne saurait en dire autant des autres acteurs qui composent le noyau de la nouvelle troupe. Quel est, par exemple, le comédien qui, avec un talent même des plus médiocres, se condamnera à être le double d'*Armand*, qui sera chef d'emploi par son ordre de réception ? Cet acteur, qui n'a ni chaleur, ni mordant, ni comique, qui n'entend rien à la prosodie française, ni à la bonne comédie, dont il estropie les vers, ne peut jouer tout au plus que des niais et des Dangeville, genre dominant dans les pièces de M. son directeur Picard.

Perroud connaît beaucoup mieux la scène que ne la connaît Armand; mais, nonobstant tout son mérite, on ne peut le classer que parmi les acteurs de genre. Cet acteur joue fort bien les gascons et quelques personnages des pièces de M. Picard; et quoiqu'il manque de gaîté dans son jeu, de mobilité dans sa physionomie, et que sa diction soit sèche et peu naturelle, Perroud a d'excellentes qualités : mais avec toutes ses bonnes qualités, je ne crois pas qu'il pût jouer avec succès les premières scènes d'Arnolphe de l'*École des Femmes*, ni le premier acte d'Orgon du *Tartufe*. L'emploi des manteaux est cependant le seul que cet acteur puisse aborder dans la haute comédie ; car il doit renoncer aux valets, d'après l'essai peu encourageant qu'il a fait de ces rôles, en jouant Dubois des *Fausses Confidences* : Perroud ne pourrait donc prétendre qu'à des caricatures, si celles qui se trouvent dans les pièces du Théâtre-Francais n'avaient aussi leur noblesse.

L'on ne peut juger *Chazel* que comme l'on jugerait l'automate de Vaucanson, puisqu'on ne l'entend pas ; lui seul pourrait nous rendre le service de classer son talent : mais j'ose cependant avancer que la bonne comédie lui est aussi étrangère qu'à ses camarades.

Thénard, à ce que l'on assure, fait aussi partie de la nouvelle troupe. Si c'est comme chef d'emploi, cet acteur n'est point à sa place ; si c'est comme second et troisième amoureux, et qu'il abjure le théâtre de M. Picard, il tiendra son coin : mais il faut encore pour cela qu'il apprenne à parler le dialogue de Molière, à marcher d'une manière noble et aisée, et à porter avec grâce l'épée et l'habit de cour : l'acteur qui, en sortant de jouer le répertoire de l'Odéon, se destine à la bonne comédie, doit recommencer ses études.

Mlle. *Fleury* est appelée au second théâtre. Cette actrice, charmante dans *Henri IV et le Laboureur*, serait plus que médiocre, et, tranchons le mot, ne saurait rendre avec vérité Marianne du *Tartufe*, Henriette *des Femmes savantes*, Angélique de *la Gouvernante*, parce que ses moyens sont trop faibles, qu'elle chante les vers, et que bientôt...... la galanterie française m'empêche de donner la troisième raison qui s'oppose à ce que Mlle. Fleury fasse de nouvelles études.

Est-ce Mlle. *Délia*, avec son talent d'arlequin, composé des contre-façons les moins fidèles des talens de Mlles. Contat, Mars et Leverd, qui jouera les coquettes ? Et si cette actrice oublie les modèles qu'elle a choisis, mais dont elle ne sera jamais qu'une copie informe, le ton sec, le jeu aride, la diction maniérée qui lui appartiennent, sont autant d'obstacles qui s'opposent à ce que Mlle. Délia joue Célimène du *Misantrope*, Elmire *du Tartufe*, et Céliante *du Philosophe marié*.

Est-ce la froide Mlle. *Adeline* qui jouera la Coquette corrigée, Sylvia *des Jeux de l'Amour et du Hasard;* pièces du second ordre, il est vrai, mais qui sont encore bien au-dessus du talent de cette actrice.

Est-ce Mlle. *Delisle* qui, avec son ton rauque, sa marche déhanchée, et son habitude favorite de mettre les beaux vers en mauvaise prose de sa façon, jouera la Marquise *de Nanine*, Mme. Pernelle *du Tartufe*, et les rôles de caractère, dont on doit laisser transpirer la noblesse et le bon ton à travers le bavardage dont ils sont remplis?

Mlle. *Milen* a prouvé dans Marinette *du Dépit amoureux*, jeune servante simple et sans manège, qu'elle a transformée en coquette des halles, que le langage de Molière ne lui était pas familier. Au reste, ces dames jouent la comédie depuis trop long-temps, pour qu'elles figurent avec avantage sur un théâtre destiné à régénérer la scène française, et que l'on peut désigner, d'après les bases de son institution, sous la dénomination de théâtre de l'*Espérance*.

Quant à la tragédie, il n'y a encore que *Victor* que l'on puisse citer ; et d'après la manière d'opérer de M. Picard, il paraîtrait qu'on ne le voudrait que comme accessoire au second théâtre. Si, dans le dessein de désorganiser la Comédie-Française, l'on décidait quelque acteur à grand talent à jouer à l'Odéon, Talma, par exemple, non seulement le fameux tragédien serait déplacé au milieu d'un entourage des plus minces, mais encore ses intérêts et sa gloire en souffriraient singulièrement, et la tragédie, que l'on y représenterait deux ou trois fois par mois, n'en céderait pas moins le pas aux pièces de genre, aux pièces de M. Picard. Le noyau de la société, la composition du jury d'examen, la manière dont il procède, tout cela ne démontre-t-il pas la direction que l'on veut donner à ce nouveau théâtre ? Je crois utile de répéter ici ce que j'ai dit dans la 15me. livraison du troisième volume *des Archives de Thalie*, au sujet de ce jury théâtral.

« L'on remarque dans le jury d'examen qui prononce sur l'admission ou le rejet des acteurs qui se présentent pour faire partie de la troupe du second Theâtre-Français, des hommes de lettres, des comédiens du premier mérite, et des acteurs *de genre*. Il est composé de neuf membres, parmi lesquels figurent MM. Picard, Perroud, Chazel, qui peuvent, secondés par deux de leurs collègues faibles ou complaisans, former la majorité, et faire recevoir leurs protégés. Ils pourraient même empêcher les réflexions sages et lumineuses de MM. Renouard, Talma, Granger, Lemercier, en faisant prendre au jury la désastreuse détermination de prononcer sur le sort de l'aspirant au scrutin, immédiatement après l'avoir entendu, sans que le juré qui opine fût tenu de faire connaître son avis, et de le soumettre à la discussion et aux lumières de ses collègues. Quel résultat peut avoir cette manière d'opérer ? Le maintien du répertoire actuel de l'Odéon, augmenté de quelques tragédies, et l'inutilité des secours que l'on doit espérer du second Théâtre pour l'amélioration de l'art théâtral. Comment obvier à cet abus ? En changeant le mode vicieux d'examen que l'on a adopté. »

« Ce n'est point en entendant un acteur en

plein vent, ni dans une chambre, qu'on peut le juger sainement. Talma et Granger eux-mêmes seraient embarrassés de produire de l'effet, de donner une idée juste de leur grand talent, s'ils se trouvaient dans une pareille situation. Ils savent beaucoup mieux que moi, sans doute, qu'on peut éblouir, en récitant quelques vers tragiques dans une chambre, et qu'une personne audacieuse peut fort bien avoir un moment heureux, et l'emporter sur un acteur d'un mérite réel, qui, pénétré des difficultés de l'art qu'il étudie, intimidé par l'extrême distance qu'il reconnaîtra entre les germes de son talent et la perfection de celui des comédiens célèbres qui l'écoutent et le jugent, ne pourra dire trois vers de suite sans trouble. Cette crainte paralyse l'ame de l'homme instruit et modeste, et l'amour propre de la médiocrité présomptueuse la rend hardie et téméraire. »

« Ne voit-on pas quelquefois nos grands acteurs être faibles pendant les trois premiers actes d'une pièce, et sublimes dans les deux derniers ? L'on peut juger la diction d'un froid déclamateur dans un salon ; mais un comédien ne saurait l'être qu'au théâtre, et même qu'après avoir été vu plusieurs fois. Il est tel héros dramatique d'appartemens ou de petits théâtres, dont la sensibilité ne passe pas l'orchestre sur un grand théâtre. »

« Pourquoi, puisque les acteurs des différens emplois sont examinés l'un après l'autre, ne pas les entendre réunis ? Pourquoi ne pas les faire paraître sur un théâtre (celui de Favart), dans des pièces qui ne seraient jouées que par des aspirans ? L'on ferait de bonnes recettes et de bons choix. Le jury assisterait à ces représentations ; il y aurait une place distinguée, et le public pour adjoint. »

J'ai indiqué les vices dont on a déjà infecté le berceau du second théâtre ; et le moyen d'en prévenir les suites fatales, se présente de lui-même : c'est d'en paralyser la source, en recomposant le noyau de la société naissante ; en confiant la direction de l'Odéon à tout autre qu'à un auteur de comédies, ou à un acteur de genre ; en éloignant MM. Picard, Perroud, Chazel, du jury théâtral, et en invitant MM. les jurés à admettre de préférence les acteurs à former, qui montrent d'heureuses dispositions, aux acteurs dont le talent a déjà été repoussé des Français par sa faiblesse, ou d'une médiocrité achevée : l'artiste dramatique qui ne donne aucun espoir d'amélioration, ne doit point entrer au théâtre de l'*Espérance.*

La tâche qui me reste n'est pas plus pénible que celle que je viens de remplir ; mais elle demande plus de précautions. Humaniser l'amour propre avec la raison, n'est pas une chose bien aisée. Je ne dissimulerai point que la Comédie-Française a des torts graves, tant envers le public, qu'envers plusieurs artistes du plus grand mérite, qu'elle a abreuvés de dégoûts, et même éloignés de son sein, par des actes arbitraires révoltans ; mais je n'en indiquerai que quelques-uns : les faire ressortir tous, ce serait renouveler les querelles, au lieu de ramener la paix et la prospérité dans les états de Thalie et de Melpomène. D'ailleurs, le public, étranger aux débats de MM. les comédiens, aux intrigues de coulisses, aux coteries de boudoirs, n'ayant jamais été compté pour quelque chose dans les calculs des sociétaires du théâtre de la rue de Richelieu, se déclarera toujours en faveur de l'acteur qui, placé au premier rang dans les fastes du Théâtre-Français, exigera que son nom soit aussi distingué sur le tableau des parts, sans trop examiner de quel côté se trouve le droit.

Jusqu'à présent l'aréopage comique semble avoir pris à tâche de contrarier le goût et les décisions du public; l'on croirait qu'il a été jaloux d'étendre sa domination sur lui et de le confondre avec les pensionnaires qu'il tient sous le joug. Le public prodiguait des applaudissemens à *Fleury*; il couronnait la longue et brillante carrière de ce grand comédien, par les suffrages honorables que commandent le talent et la probité; et, bien loin d'être retenu par ses camarades, Fleury en a essuyé des désagrémens qui ont accéléré l'instant de sa retraite. Le parterre repoussait Desmousseaux dans l'emploi des Rois; mais Saint-Prix voulait se faire regretter : se donner un pareil successeur était un moyen infaillible pour réussir; et ni les sifflets du parterre, ni l'opposition de tous les critiques n'ont pu arrêter le comité. Desmousseaux a été reçu sociétaire en dépit de tout le monde, des intérêts de la Comédie Française même et de la prospérité de l'art. N'est-ce pas aussi pour satisfaire de petites passions qu'on a essayé, à plusieurs reprises, de lancer *St.-Eugène* dans les premiers rôles tragiques, pour lui donner la place, encore vacante, de Victor, quoiqu'il fût impossible au comité de ne pas apprécier l'incapacité de Saint-Eugène pour cet emploi ? Et pourquoi braver le mécontentement du public contre la présomptueuse témérité de cet acteur; mécontentement bien prononcé par des témoignages non équivoques et réitérés de mauvaise humeur ?

Que d'exemples n'aurais-je pas à citer, s'il était nécessaire de prouver que plaire au public, c'était déplaire au comité, et qu'à peu d'exceptions près, depuis plusieurs années, l'on n'a reçu pour sociétaires que des sujets incapables, et faits pour consommer la ruine de l'art théâtral ! Mais aussi à quel degré d'abaissement cette Comédie-Française, jadis si justement orgueilleuse de l'ensemble parfait qu'elle offrait à l'Europe étonnée, n'est-elle pas tombée ? Elle est sur le bord de l'abîme ; et que fait-elle pour ne pas s'y précipiter ? de nouvelles sottises !

Je ne m'établirai point juge entre Talma et ses camarades. Ce tragédien a des prétentions extraordinaires, répète-t-on : je veux le croire; mais aurait-il tort de vouloir des émolumens proportionnés aux services qu'il rend au Théâtre-Français ? et a-t-on traité cette affaire avec les égards que l'on doit aux grands talens et à l'ancienneté ? Cinq sociétaires seulement ont été de l'avis d'entrer en arrangement avec Talma ; et les plus opiniâtres, les plus jaloux de faire usage de la puissance *dictatorialement* comique de sociétaire contre le premier acteur du siècle, dont l'absence de la scène française serait une calamité pour l'art théâtral, sont précisément ceux qui auraient le plus de motifs pour se condamner au silence. Sans doute Talma peut avoir des torts ; mais il ne faut pas que la médiocrité en profite pour priver le public des talens de ce tragédien, et établir sa domination sur les débris de l'empire de Thalie... Mais Talma est-il le seul acteur d'un mérite supérieur, qui soit en discussion avec MM. les sociétaires ? Non. Des tracasseries mesquines, une cupidité mal entendue, des haines particulières tiennent encore éloignée de la scène française une actrice célèbre, qui a éprouvé naguères combien la conciliation avait peu de pouvoir sur l'esprit de MM. les comédiens du théâtre de la rue de Richelieu. Je me suis procuré des détails très-curieux sur les démêlés de Mlle. Georges avec l'aréopage comique; détails que je ne dois point divulguer dans cette circonstance, et qui justifient pleinement cette actrice des reproches que l'on s'est plu à lui adresser avec aussi peu de retenue que de raison. J'en causais un jour avec un sociétaire prépondérant, qui me dit ces paroles remarquables : « Nous sommes bien aises que » Mlle. Georges ne rentre pas, parce que » nous serions obligés de prendre sa sœur, » qui, à la vérité, a eu du succès dans ses » débuts, et à laquelle nous reconnaissons » du talent; mais nous avons pour principe » de ne plus recevoir sociétaires plusieurs » personnes de la même famille. » Vous ne pouviez me donner, lui répondis-je, une preuve plus convaincante du peu de sollicitude de vos camarades pour l'amélioration de l'art qu'ils professent. C'est donc d'après ce principe que vous avez voulu, à force de mauvais traitemens, obliger *Baptiste cadet* à se retirer, quoiqu'il ait plus de talent que son frère, et qu'il soit aimé du public ? Et si la sœur de Mlle. Georges avait un mérite égal à celui qui fit la brillante réputation dont jouit Mlle. Sainval cadette, vous lui fermeriez les portes du temple de Melpomène, parce que Mlle. Georges est sociétaire !

Je m'arrête; j'en ai dit assez pour démontrer que la situation déplorable du Théâtre-Français ne provient que de l'abus de confier une administration déjà vicieuse à des mains inhabiles, et à des esprits plus jaloux de dominer par un pouvoir arbitraire, que de contribuer au maintien de l'ordre et à la prospérité d'un art qui fait partie de l'instruction publique, et qui est lié à la gloire nationale, qu'ils sacrifient à de basses spéculations, à de misérables intrigues.

Ce que j'ai encore à dire exige beaucoup plus de ménagemens que ce que j'ai déjà dit, puisque jusqu'à présent j'ai généralisé, et que je vais être obligé à parler des individus. J'ai reçu des avis, et l'on m'a communiqué des anecdotes qui ne laissent aucun doute sur l'antipathie qui règne parmi les sujets de Thalie et de Melpomène, et même entre les plus hupés; mais, comme l'a avancé Figaro, *la nécéssité rapproche les distances;* et l'on a vu les rapprochemens les moins attendus, quand l'amour propre, l'intérêt et la vanité de telle dame ou de tel monsieur, ont demandé qu'il fît cause commune avec celui de ses camarades contre lequel il avait fait éclater des sentimens de jalousie et de haine. Eh bien! c'est ici, au nom de leur intérêt, de leur amour propre et de leur orgueil, que j'adresse la vérité à MM. les sociétaires du théâtre de la rue de Richelieu; c'est au nom de leur prospérité future, que je les engage à prendre pour règle de leur conduite ces paroles divines que l'on a appliquées à des objets qui tiennent de plus près à la tranquillité publique que celui dont je traite : *Union et oubli.*

Mon admiration pour le beau talent de Mlle. *Duchesnois* est connue; je l'ai constamment manifestée depuis l'époque de ses débuts, et c'est avec confiance que je lui dirai qu'elle doit être la première à demander la rentrée de Mlle. Georges à la Comédie-Française. L'expérience a prouvé qu'on ne saurait l'y remplacer, et que l'éclat et l'ensemble des représentations de nos chefs-d'œuvre tragiques tiennent au retour de cette grande actrice, dont le genre de talent est tout à fait différent que celui de Mlle. Duchesnois. La présence d'une nouvelle Dumenil doit réclamer plutôt qu'exclure celle d'une nouvelle Clairon, et les destinées du Théâtre-

Français sont plus attachées qu'on ne pourrait le croire d'abord, à la réunion de Mlle. Georges avec ses camarades.

L'autorité doit inviter Talma à demeurer au théâtre de la rue de Richelieu, et obliger les sociétaires, sinon à lui accorder tout ce qu'il demande, du moins à lui assigner un traitement proportionné à ses services et digne de son talent. Une mesure non moins utile, c'est celle de rappeler Victor le plutôt possible, pour qu'il double Talma, et de le recevoir au nombre des sociétaires. L'on me répliquera, et *Lafon*? Son emploi, marqué par la nature de son physique actuel, par son genre de talent autant que par les intérêts de l'art et ceux du Théâtre-Français, est celui des rois........ Que cet acteur s'empare du sceptre tragique, qu'il en ait les droits et les avantages; que Desmousseaux abdique la couronne qu'il a usurpée, et devienne le double de Lafon, place encore assez belle pour lui, bien au-dessus de son talent, et à laquelle, sans des circonstances extraordinaires et la pénurie de sujets, il n'aurait jamais osé prétendre. Desmousseaux doit se borner à partager les rôles à récits, les grands confidens, avec Saint-Eugène, qui a l'audacieuse confiance de persister à vouloir jouer les premiers rôles, nonobstant les sévères leçons qu'il a reçues du public, et les obstacles que la nature, en lui refusant le feu sacré, la noblesse, un organe flexible, a élevés entre lui et les qualités qui constituent le bon acteur. L'on respecterait ainsi les réglemens, et la cour de Melpomène reprendrait sa supériorité et sa magnificence, en réunissant Talma, Lafon, Victor, Michelot, Mlles. Duchesnois, Georges, Volnais, Bourgoin, Wentzel.

Thalie, l'on doit en convenir, ne peut se présenter avec autant d'avantage; mais il y a cependant encore assez de ressources dans son empire pour former, sinon une réunion aussi brillante, du moins un assemblage satisfaisant.

Mlle. *Mars* n'a point eu de rivale dans les ingénuités; et quoique moins parfaite dans les coquettes, cette actrice possède un des plus beaux talens qui aient illustré la scène française.

Mlle. *Levert* a de la sensibilité, de la grâce et de la vérité; elle est excellente dans les coquettes; il y a même plusieurs personnages qui tiennent aux premiers rôles, qu'aucune actrice, sans exception, ne rendrait aussi bien que Mlle. Levert. L'emploi des coquettes est donc toujours digne des beaux jours de la Comédie-Française.

Mlle. *Volnais*, chère à Melpomène, l'est encore à Thalie; elle joue avec distinction les amoureuses, et peut être utile pendant long-temps au Théâtre-Français dans les personnages de mère-noble, qu'elle doit partager avec Mlle. Levert, surtout quand cette dernière, après la retraite de Mlle. Mars, tiendra en chef l'emploi des coquettes.

Mlle. *Bourgoin* est bien placée dans les amoureuses : sa mise est élégante et son visage toujours frais. Depuis les débuts de Mlle. Bourgoin et ceux de Mlle. Volnais, personne ne s'est présenté avec assez d'avantage pour les remplacer dans la tragédie et dans la comédie; et ces deux jolies actrices sont, non-seulement utiles, mais encore nécessaires au Théâtre-Français.

Mlle. *Wentzel* a d'excellentes qualités : son physique est agréable, sa figure jolie, et son intelligence rare. Cette actrice se fait remarquer par une diction juste et naturelle, et par un jeu de physionomie toujours d'accord avec la scène. Les jeunes princesses tragiques, et les jeunes amoureuses, telles qu'Agathe des *Folies de Regnard*, etc, conviennent parfaitement à Mlle. Wentzel.

MM. les sociétaires ont très-bien fait de rappeler Mlle. *Anaïs* : cette actrice a un véritable talent, et on peut lui composer un emploi qu'elle seule pourra remplir d'une manière convenable : Eugénie de *la Femme jalouse* ; Agnès de *l'Ecole des Femmes* ; Jenny de *l'Hôtel garni*, et tous les rôles de ce genre iront fort bien au physique, au joli minois et aux grâces de Mlle. Anaïs.

Mlle. *Demerson* a de la gaîté et de la finesse ; elle détaille un rôle avec esprit ; et si l'on peut lui adresser un léger reproche, c'est celui de mettre quelquefois de la coquetterie où il ne faudrait que du naturel et de la simplicité. Mais cette actrice a une diction vraie, de l'aisance à la scène, un bon comique, et on ne la remplacera pas facilement dans les soubrettes, rôles qu'elle rend d'une manière supérieure à ceux de servantes, quoique Mlle. Demerson les joue très-bien.

L'aréopage comique n'a point apprécié le talent de Mlle. *Delatre* : de toutes les actrices que l'on a vues depuis plusieurs années, débuter dans l'emploi des soubrettes au théâtre de la rue de Richelieu, Mlle. Delatre est la seule capable de doubler Mlle. Demerson avec succès. Cette actrice, qui donne les plus belles espérances, a du mordant, de la vérité, une physionomie expressive; et si l'on ne se décide à la retenir au Théâtre-Français, on sera bientôt forcé de l'y rappeler, si l'on veut donner un successeur à Mlle. Demerson.

Thalie trouverait encore assez d'avantage dans le mérite de ses prêtresses, pour rivaliser de talens avec les favorites de sa superbe sœur; mais ses desservans présentent-ils le même ensemble?

Damas tient en chef l'emploi que jouait Fleury...... Damas a du zèle; mais cela ne suffit pas pour diminuer les regrets qu'a laissés la retraite du digne successeur des Granval, des Belcourt, des Molé; et les mouvemens violens du mélodrame ne sauraient suppléer à la dignité, à l'aisance, et aux grâces qu'exige la comédie. Les héros de drames conviennent au genre de talent de cet acteur : il n'est point déplacé à la Comédie-Française; mais il est urgent d'ouvrir les débuts pour lui donner un partageant qui puisse remplir les rôles de haut comique, qui ne sont point favorables à Damas.

Armand a un physique avantageux; mais il ne peut sortir du cercle étroit du marivaudage; et tous les rôles qui demandent de la noblesse et de la chaleur, sont au-dessus des moyens de cet acteur.

Le physique ingrat, et même la nature du talent de *Michelot*, ne lui permettent pas de prétendre aux premiers rôles; les petits-maîtres lui conviendraient beaucoup mieux, si Michelot pouvait se défaire de ce ton trivial, de cette fatuité de mauvaise compagnie, qu'il substitue à l'air du grand monde, à l'aimable abandon qui doivent distinguer les fats de la haute société, et que Fleury possédait au suprême degré.....

Firmin a du mérite : intelligent, agréable, naturel, si cet acteur n'affectait une démarche et des gestes négligés, qu'il confond avec cette aisance gracieuse, si nécessaire dans les rôles d'amoureux, il deviendrait bientôt le comédien le plus recommandable dans ce genre de personnages.

Le nom de *Michot* est plus souvent sur le bordereau du caissier que sur l'affiche, et l'on est fondé à se plaindre de la paresse de cet acteur. Vérité, rondeur, bonhomie, comique, physionomie, sensibilité, enfin, toutes les qualités qui forment l'excellent comédien, sont réunies en la personne de Michot, et tout cela pour jouer cinq à six rôles dans l'année. Pourquoi Michot ne forme-t-il pas un répertoire de quelques rôles de valets dans le genre de Labranche de *Crispin rival*, en y ajoutant des personnages de l'emploi des manteaux, tel que Dominique de la *Brouette du Vinaigrier*, qu'il rend d'une manière parfaite, et les pièces qu'il joue ordinairement ? La disette de sujets l'exige, l'intérêt des sociétaires le réclame, et la prospérité de l'art le commande.

Baptiste cadet est précieux, et d'un plaisant original dans les vieillards et les caricatures de la bonne comédie.

Thénard peut se montrer dans quelques vieux portiers et dans quelques niais.

Cartigni fait des progrès sensibles dans les valets de grande livrée; il sacrifie les applaudissemens du moment, que l'on obtient par des lazzis de mauvais goût, à l'étude de son art; sagesse qui lui promet d'en obtenir de durables à l'avenir. Un plus long usage de la scène donnera à Cartigni ce degré de confiance indispensable au développement des qualités essentielles qu'il a reçues de la nature, et son intelligence et sa modestie sont des garans presque certains de ses succès futurs.

Monrose a du mordant, de la verve, de la gaîté; il est l'espérance du Théâtre-Français pour les seconds comiques, quoiqu'il puisse jouer, même avec distinction, dans l'emploi des premiers, les rôles qui ne sont pas contraires à son maigre physique. Mais cet acteur se livre à des charges triviales, et il s'habitue à une diction précipitée et commune; négligence qui lui fera perdre les suffrages des connaisseurs, s'il ne s'empresse de rentrer dans la bonne route, qu'un faux calcul ou plutôt la paresse lui a fait abandonner.

Devigni est un acteur plus soigneux que comique, et l'expérience a prouvé combien il serait encore difficile à remplacer.

L'on fera très-bien de garder *Saint-Fal* le plus long-temps possible : on se rappelle avec plaisir les brillans succès de cet acteur dans la tragédie, dans la comédie, et surtout dans le drame, et on le voit toujours avec intérêt dans les rôles de pères et de grands raisonneurs qu'il joue maintenant.

Baptiste aîné s'est fait un répertoire très-rétréci; et quoiqu'il représente avec supériorité le baron Hateley dans *Eugénie*, le président dans *la Gouvernante*, Démocrite dans la pièce de ce nom, le Capitaine dans *les Deux Frères*, l'emploi de père noble dans la comédie laisse beaucoup à désirer, et il sera bientôt vacant, si l'on ne s'empresse de le renforcer.

Si les acteurs voués à Thalie n'offrent pas des talens aussi distingués que ceux dont elle a gratifié ses prêtresses, l'on peut cependant, en réunissant les premiers sujets dans des pièces bien choisies, former un répertoire varié, et jouer la comédie avec ensemble au théâtre de la rue de Richelieu. Mais il faut y retenir Talma, rappeler Mlle. Georges, recevoir Victor sociétaire; que Lafon devienne chef d'emploi, en se chargeant des rôles de rois, et que Desmousseaux et Saint-Eugène soient remis chacun à leur place. Il est encore indispensable que MM. les sociétaires écoutent leur intérêt particulier et l'intérêt de l'art, et non cet amour propre excessif qui les désunit ou les rapproche, sans égard aux convenances, et quelquefois à la délicatesse; conduite qui autorise l'observateur à croire que les habitans des coulisses sont en scène, chez eux, dans leur assemblée, comme sur le théâtre.

J'ai indiqué les mesures à prendre tant envers la Comédie-Française qu'envers le second théâtre, pour que ce dernier remplisse le but de son institution, et que la première fasse de bonnes recettes, conserve sa suprématie, et reprenne son ancien lustre.

Je sais fort bien que si l'on s'en rapporte au comité du Théâtre-Français, les passions, les intrigues parleront plus haut que la raison et l'équité ; et le plus grand vice de l'administration des théâtres est d'en laisser la police intérieure et des détails aux comédiens : ils sont juges et parties, et ne sauraient, par cela même, être justes. Quel moyen peut-on employer pour faire disparaître les obstacles, pour prévenir les inconvéniens qui ont été si funestes à l'art théâtral ? J'en soumettrai un à l'autorité protectrice des arts, qui ne touchera en rien aux prérogatives, aux pouvoirs de MM. les gentilshommes de la Chambre sur les théâtres royaux, ni à ceux de M. l'intendant des Menus, et qui laissera les réglemens de la Comédie-Française dans toute leur force et dans toute leur intégrité : c'est celui de nommer un commissaire du gouvernement, dont les attributions seraient de connaître de la police intérieure du théâtre, de reviser les répertoires, les distributions de rôles, de surveiller à l'exécution des réglemens pour tout ce qui a rapport aux débuts des acteurs, à la mise en scène des pièces nouvelles; d'en presser les répétitions et les représentations; de prononcer provisoirement sur les choses de détail, soit dans les assemblées générales, soit dans celles du comité : détails desquels ni MM. les gentilshommes de la Chambre, ni M. l'intendant des Menus, ne sauraient non-seulement s'occuper, mais encore prendre connaissance, en imposant à M. le commissaire l'obligation d'en rendre compte à M. l'intendant [des Menus dans les vingt-quatre heures, qui en instruirait M. le premier gentilhomme, s'il le croyait nécessaire. Cette mesure devient urgente, si l'on veut mettre un frein aux débordemens de l'amour propre, aux prétentions ridicules, à la domination désastreuse de la médiocrité, dont les insidieuses manœuvres ont désolé le temple de Thalie, et profiter des ressources qu'offrent encore quelques talens supérieurs qui, réunis, peuvent améliorer la scène française, en attendant que le second théâtre, bien dirigé, bien administré, ait formé des sujets dignes de leur succéder.

Si Talma et Mlle. Georges passaient au faubourg Saint-Germain, la Comédie-Française serait désorganisée, et le second théâtre n'en irait pas mieux. Mlles. Duchesnois, Volnais, Bourgoin et Wentzel; Lafon et Michelot, d'un côté; Talma, Mlle. Georges et Victor, de l'autre, également isolés, l'ensemble serait banni des représentations des chefs-d'œuvre de Corneille, Racine, Voltaire, etc., qui ne présenteraient plus qu'une bigarrure aussi ridicule pour le public que destructive pour l'art.

L'on ne fera pas la mauvaise plaisanterie de citer Mlle. Laroche, Mlle. Perroud et Mlle. Treille, comme des actrices qui puissent seconder Mlle. Georges et Talma; et leur admission est une preuve de plus du projet formé pour éloigner la tragédie et la bonne comédie d'un répertoire que l'on veut consacrer aux pièces de M. Picard.

L'on peut croire que jusqu'à présent

je n'ai parlé que sur des conjectures, et que mes raisonnemens, n'ayant d'autre base que ma manière de voir, peuvent être plus ou moins fondés. Eh bien ! il faut faire parler M. Picard lui-même ; il faut que ce soit lui qui divulgue son secret, qu'il fasse connaître son plan ; et voici ce qu'écrivait M. le directeur du second Théâtre-Français le 1er. novembre dernier :

« Neuf sociétaires, y compris le directeur
» et l'administrateur comptable, sont déjà
» nommés par M. le comte de Pradel, et ont
» signé l'acte de société. L'administrateur
» comptable est M. Loraux, mon ami intime
» depuis vingt ans, homme de lettres, connu
» par plusieurs productions agréables. *Les*
» *sept comédiens sont ceux que j'ai cru devoir*
» *proposer les premiers* parmi les comédiens
» actuels de l'Odéon. La plupart ne jouent
» que la comédie, et sont destinés à y remplir
» les premiers emplois. Quant à la tragédie,
» nous avons définitivement comme pension-
» naires, pour un an, M. Victor pour les pre-
» miers rôles, M. Eric-Bernard pour les
» rois, M. David pour les jeunes premiers
» Nous n'avons pas encore M. *Joanny;* mais

» je sais ses prétentions ; et il ne tient qu'à
» moi de l'avoir aussi comme pensionnaire.
» *Le reste de la troupe sera formé de quelques*
» *sujets actuellement parmi nous*, et du résul-
» tat d'un concours qui aura lieu devant un
» jury nommé par M. le comte de Pradel,
» et composé de MM., etc. »

Ainsi, c'est M. Picard qui a proposé les sept premiers acteurs qui font partie du noyau de la société du second Théâtre-Français ; c'est encore lui, dont l'influence est démontrée, qui promet que le reste de la troupe sera puisé dans la même source. Et n'est-il pas clair, d'après ces aveux, que le jury devient inutile, puisqu'il ne doit choisir que les sujets destinés à être reçus à l'essai, et dont les amis de M. Picard, tous sociétaires, c'est-à-dire maîtres du sort des pensionnaires, pourront se débarrasser dès qu'ils le voudront... Voilà des précautions sûres pour que les acteurs et les pièces de genre dominent au faubourg Saint-Germain ; qu'il n'y ait point de second Théâtre-Français, et que le répertoire de M. Picard soit joué comme par le passé. Aussi a-t-on fait une réponse très-piquante à M. le directeur, et qu'on peut apprécier par l'extrait qui suit :

« L'ordonnance du Roi, du 25 mars, est
» un bienfait pour l'art théâtral ; elle doit
» être exécutée dans son esprit.

» Que veut cette ordonnance ? Si je ne me
» trompe, l'exploitation à un second théâtre
» des chefs-d'œuvre de la scène française,
» c'est-à-dire, une rivalité franche entre les
» artistes existans, et ceux que vous avez
» été chargés de réunir à cette fin désirable,
» d'amener la prospérité du domaine public
» de l'art dramatique. »

. . . .
. . . .
. . . .

« Qu'ai-je vu en effet (je parle pour la comédie) dans le noyau des artistes déjà sociétaires ? Quel fond de sujet m'a présenté l'acte, etc. . . . .
Je puis, sans crainte le dire à vous, Monsieur, parce que vous aurez la justice de penser que je n'ai eu l'intention ni la volonté de blesser personne. Cette réunion m'a tout aussitôt démontré l'impossibilité de pouvoir tenter toute comparaison avec le Théâtre-Français d'aujourd'hui ; il doit être évident pour moi que le *genre croisé*, si long-temps

joué à l'Odéon, a fait absolument perdre la route consacrée depuis des siècles pour l'exploitation satisfaisante du grand répertoire comique. Essayer de reprendre cette route avec succès, pour la suivre avec avantage, est, selon moi, absolument impossible à vos sociétaires admis. L'habitude doit avoir pris sur eux un trop puissant empire : les bons exemples ne pourraient rien ; et puis il est malheureusement en toutes choses, et surtout en art théâtral, un période où nul ne peut parvenir à se changer. L'opinion générale à Paris sera peut-être défavorablement prévenue par cette triste vérité ; et j'ai eu lieu de craindre que les efforts employés pour se la concilier, ne devinssent absolument impuissans. »

. . . . , . . .
. . . .
. . . .

« Quant au genre tragique, Monsieur, la masse de vos premiers sociétaires m'a offert plus d'inconvéniens encore, surtout si les sujets qui la composent voulaient essayer le cothurne, et un inconvénient de charge bien onéreux s'ils y renonçaient entièrement, puisqu'on serait obligé d'augmenter le nombre nécessaire au cadre général. »

« J'ai d'ailleurs été surpris que les quelques sujets tragiques que vous me désignâtes, ne fussent que simples pensionnaires pour un an. Pour voir un commencement de solidité au contrat que vous me proposez, j'aurais voulu que les trois ou quatre sujets fussent sociétaires, attachés, par l'intérêt du présent et par l'assurance de l'avenir, à un établissement dont ils pourraient faire fleurir une branche ; leur attache eût administrativement été certaine ; rien n'aurait pu les détourner pour les fixer ailleurs. Leurs prétentions eussent été modérées et régulières, leur avenir progressif et leurs services réels, parce que l'artiste aime toujours à être encouragé ; et d'ailleurs, là où l'on trouve jeunesse, dispositions et désir de faire, il y a de la ressource, outre que chacun aime le positif de durée, d'accroissement et de point de repos. »

« Au résumé, Monsieur, vous ne m'avez pas montré de cadre tragique : j'ai donc conclu qu'il n'existait encore rien pour l'ensemble de cette partie, si difficile à former sans doute, et qu'il m'était impossible de pouvoir me faire une idée de ce qu'elle pourrait devenir. »

Je ne cite que ces passages concluans, d'une correspondance qui ne laisse aucun doute sur la destruction certaine de l'art théâtral, si, par un renouvellement prompt et général, tant dans l'administration que dans le noyau de la société du second Théâtre-Français, l'on n'arrête M. Picard dans l'exécution d'un plan profondément combiné et adroitement suivi, et qu'il exécute avec autant de constance que de succès.

J'ignore si les intérêts de Talma sont de rester à la Comédie-Française, si ceux de Mlle. Georges veulent qu'elle y rentre, et si Victor trouvera son avantage à revenir avec des camarades qui ne l'ont pas bien traité. Je ne vois que la prospérité de l'art théâtral, et le triomphe de la Comédie-Française ; mais j'aime à me persuader que le grand tragédien, que la célèbre reine, ainsi que le jeune acteur qui marche rapidement sur leurs traces, pour se placer à leurs côtés, encore plus jaloux de leur gloire que de leur fortune, se réuniront avec plaisir à Mlles. Duchesnois, Volnais, Bourgoin, Wentzel, à Lafon et Michelot, pour former une cour brillante à Melpomène, et que cet exemple de générosité sera imité par les artistes distingués du théâtre de la rue de Richelieu, qui ne voudront pas que Thalie ait une suite moins florissante que celle de sa magnifique sœur.

FIN.

www.ingramcontent.com/pod-product-compliance
Lightning Source LLC
Chambersburg PA
CBHW070659050426
42451CB00008B/438